Geobanys Valle Rojas

Adentro del alma... sí hace ruido

Geobanys Valle Rojas

Adentro del alma... sí hace ruido

Libro de poemas

JustFiction Edition

Imprint

Cover image: www.ingimage.com

Publisher:
JustFiction! Edition
is a trademark of
Dodo Books Indian Ocean Ltd. and OmniScriptum S.R.L publishing group

120 High Road, East Finchley, London, N2 9ED, United Kingdom
Str. Armeneasca 28/1, office 1, Chisinau MD-2012, Republic of Moldova, Europe
Printed at: see last page
ISBN: 978-620-0-10911-8

Adentro del alma… sí hace ruido

Geobanys Valle Rojas

Adentro del alma... sí hace ruido

Geobanys Valle Rojas

Índice

Página

y vivirá en todas las almas libres prendida al sonido y al aire que golpea sus alas.

Prefacio

La obra titulada *Adentro del alma… sí hace ruido*, de la autoría del Lic. Geobanys Valle Rojas se considera un poemario de gran riqueza literaria, donde el autor conjuga sus creaciones entre sonetos, versos libres y poesía en prosa.

Se trata de un poemario de tema libre, en el que se incluyen poemas relacionados con el amor, el desamor, la identidad, la familia, la vida y las tradiciones socioculturales, como elementos esenciales de la vida humana que se develan a través de su vínculo con el alma, fuente principal de estas inspiraciones. En los poemas que conforman esta colección, el autor usa símbolos como recurso expresivo del lenguaje literario, se vale de imágenes artísticas con gran refinamiento estético, alude a la retrospectiva temporal en el mundo de los sueños, de cumplir metas y aspiraciones, en las visiones de un mundo actual, omnipresente; utiliza metáforas y adjetivaciones que adornan y califican al sujeto lírico, que lo lleva al mundo de la policromía, los olores, de los ensueños que trasciende más allá del plano lírico.

Se revela del mismo modo insatisfacciones espirituales y materiales que encuentran justificación con la presencia divina, símbolo de la fe, del credo que se refugia en la hermosa espiritualidad del hombre.

Parte de esta obra fue presentada en varias ediciones de los Festivales de Artistas Aficionados de la FEU, en donde obtuvo Medalla de Oro en Literatura (Poesía) en el Festival de Artistas Aficionados de la FEU a nivel de universidad 2015, Medalla de Oro en el Festival Provincial de Artistas Aficionados de la FEU 2016 y Premio de Plata en el XXIII Festival Nacional de Artistas Aficionados de la FEU 2016.

Dra. C. Omara Duarte Gandaria

solo al pensarlo mi alma se revela.

Esteban Taronjí

Intro

Salvaje es la cama
que desnuda el alma.
No yo; que suelo ser
tan manso.
Las manos, los besos, la mirada.
Un lamento que no oculta
lo que amamos.

Confesiones de la espera

¿Qué es lo que espero?
-Pregunta un hombre que
mira en la persiana.
Espero a la vida que pase.
Espero a la muerte.
Espero al silencio,
            a la sonrisa,
            o una noticia
que llegue de prisa.
Espero al recuerdo.
Tal vez en la noche cuando llegue el día.
Espero al reencuentro.
Los sueños que llegan,
imágenes como fotografías,
sino al pensamiento.
Espero a que baje Dios
con su juicio eterno.

Un santo que me canonice
para que no me deje en el infierno.
Espero ir al paraíso,
comprar aceitunas,
comer manzanas,
(¡no envenenadas!)
mirando a Eva desnuda.
Espero vivir junto a mis hijos,
con mis amores,
con mis amigos.
Llegar a cien años,
contando la historia
si estás tú conmigo.
Espero al vacío,
la dosis que cura,
un rostro divino.
Pasar por la esquina de oro,
ir a Santiago, conocer París,
dibujar con la pluma del loro.
Ser dulce como la miel
oler a canela
y en mi piel de candela
espero tener…
a quien apague siempre al fuego.
Espero… digo aún,
si me quito el sombrero,
atisbar al sol,
llover desde la luna
y como si fuera fortuna
te confiesa hoy
-este corazón enamorado-
yo te espero, amor,
solo para estar a tu lado.

Del cielo

Del cielo ha bajado: del cielo
como un fantasma que evade la crisis.
Entonces suelo ser libra buscando a piscis,
pero encuentro a escorpio y es mi consuelo.

Yo que antes solo soñaba contigo,
ahora me pierdo entre otras manos estremecido.
Cierro los ojos para parecer dormido,
al abrirlos otra imagen ya está conmigo.

Yo que perdí el Sur cuando buscaba el Norte
no supe caminar en un inicio.
Tal vez porque no fui griego para ser fenicio,

donde otra latitud fue mi soporte.
Tomó mi cuerpo, me levantó de la ruina,
y fue mi guía su mirada matutina.

Soneto del amor herido

Pasé cerca de ti y no me viste.
Te quise hablar sin que escucharas.
Mi caliente mano tocó tu piel helada
cuando escondía entre sombras la mirada triste.

Noté que te ibas acaso sin avisarme.
En el parque me habías dejado esperando.

No te reclamé nada, si ya te estaba extrañando,
pero el viento delató tu intención de traicionarme.

¿Por qué serías tan vil, yo que te quise?
¿Por qué te alejas y me dejas solo?
¿Ya no recuerdas todo lo que por ti hice

cuando entonces era gustoso tu sirviente?
Tu ingratitud hoy me daña aunque no lloro,
pues ya sufrirás con otra flecha hiriente.

Me gusta caminar descalzo

Me gusta mucho andar descalzo
por las calles empedradas.
Caminar por encima del polvo
que se vuelve zalamero,
queriendo ocultarlo todo.
Sentir las piedras que queman
mis dedos, mientras sigo tus huellas.
Correr bajo la guía
de la límpida brisa
que me devuelve en un mar de ensueño.
Callar: si es que me toca el silencio,
para después encontrar tu mirada
en los adoquines que se adornan
como una guirnalda de flores blancas.
Entonces subo un peldaño,
me alojo entre gaviotas locas
que no me pierden entre las nubes,
y desde allá, desde lo más alto,

efervescente puedo exclamar:
¡me gusta mucho caminar descalzo
cuándo tú andas a mi lado!

Poema

Te veo y se levanta mi cuerpo,
a la altura del punto de un iceberg.
Mis manos te abrazan, y en la mente
reposa un beso que se va en el aire.

Te veo anegada de mi sustancia,
mientras gimes al calor de las llamas.
No me liberas, me dejas dentro,
hasta que te desbordas
como un manantial en plena alba.

Susurro algo al oído, me das las gracias.
Y te vas desnuda, por el camino,
llevando entre tus piernas mi alma.

Negro o blanco: sí

Yo no tengo de congo
ni tampoco de carabalí.
Pero te escribo esta carta,
porque sí tengo de lucumí.

El negro me gusta solo para vestir,
porque es un color elegante,
digno para lucir.
Pero, si llevo de negro en la sangre,
¿para qué lo quiero para dormir?

Me gustan los días soleados,
cuando el sol a todos alumbra.
Pero me asustan las penumbras
y no me gustan los días sombreados.

Al chocolate lo prefiero blanco,
pues disfruto más su sabor.
Es que para dormir me gusta ese color,
más que el carmelita de mis zancos.

Espero entonces que todo quede claro
porque me gusta ser bien franco:
no es una cuestión de racismo,
al negro defiendo, como la mujer a su feminismo,
pero a la hora de elegir
con qué color debo mi cama vestir
prefiero: más que negro, blanco.

Una mujer perdida

Perderme en tu boca.
Perderme en tu aroma.
Perderme en tu cuerpo
hasta que salga la aurora.
Dormida en la pieza

donde me besabas toda.
Perdida en la penumbra
que visitaba la alcoba.
Donde unas manos necias
me acariciaban toda.
Donde los sueños de otro
hacían perderme en las olas.

Yo sé de un dolor profundo

Yo sé de un dolor profundo,
de un dolor que me hiere el alma.
Un dolor que lo confunde todo,
disipa las reminiscencias, que
evade la frescura, solo me deja tristeza.
Yo padezco de un dolor inusitado,
de un dolor de costilla, desde que
la mujer se ha inventado.
Y me hace sangrar hasta por
las grietas de las paredes,
me eleva la temperatura que
provoca la fiebre, y después…
después me engaña con una
canción de cuna que me canta.
Yo siento aquí, aquí en el alma,
un dolor profundo, cuando cierro
los ojos, y luego te busco con la mirada
y nada encuentro, si es que te has ido
tras morir el alba.
Este dolor profundo no es de gente,
pero mata, hiere, acaba.

Se lleva la fe, el amor, la esperanza.
Se lleva la voz, el deseo, la mirada.
En fin, se lo lleva todo, de mí no deja nada.
Se vuelve mi suplicio, y agonizo,
hasta que me voy detrás de las sombras,
ya sin ganas. Porque yo sé de un
dolor profundo que me hiere el alma.

Serás

Tú serás para mí tantas cosas:
un espejo, la luna, dos meses,
el escaparate viejo donde guardo lo mío.
Este poema, una paloma, el río.
Serás la brújula que guíe mis pasos,
como el recuerdo que condenará al olvido.
Serás la lluvia, la calma, el frío.
No. Mejor te convierto en mis libros,
o en mis santos, o en mis amigos.
Como un todo en uno, que se
cubre en cualquier abrigo.
Serás mi carta descubierta,
mi psicología insoportable, mi bolero erguido.
Si eres el dulce consuelo
que alegra siempre este vacío.
Serás como la novela de las dos,
pero sin tragedia y sin rivales.
Porque quiero esos carnavales
sin carroza y con color.
Serás mi tierra, mi otra parte, mi lío.
Lo que me hace vivo, ardiente, un poeta.

Serás mi amor.

Poesía a la vida

La vida no es una película. Tampoco puede definirse en un sexo. Solo es algo que te da como mismo te quita. Aunque no tenga razón para hacerlo. O lo que es peor: muchas veces te da o te quita sin que lo merezcamos realmente. La vida no tiene nombre; ni sabor ni un color que la identifique. Para unos es negra, cuando otros viven en blanco. Hay quienes disfrutan lo dulce, y también quien bebe lo amargo. Porque la vida es como el teatro. Quizás no al estilo de "Romeo y Julieta", cuando conserva el sentido de lo cómico y lo trágico. A veces tiene la forma de un elevador, para estar un rato arriba, y otro poco abajo. El ciclo es el mismo, nadie puede evitarlo, porque la ley está escrita: ¡eso es sagrado! Y si el origen fuese divino, la vida sería más que un pasaje bíblico, eximida del pecado. La vida entonces sería una bendición, o mejor un regalo, pero de los que dura poco, y por eso hay que disfrutarlo.

No quiero escuchar el bolero

No quiero escuchar el bolero,
que me hace recordarte.
Ver las rosas, ni al jardinero
que me enseñó a cultivarte.

Después que pase el verano,
no quiero sentir calor.
Dejaré los pasos, o la mano
donde se queda el dolor.

Ya no habrá canciones, ni versos,
tampoco nada de ti,
si se libera este preso

preparado para en la vida seguir.
Cuando ya no tenga tus besos,
ningún bolero me hará morir.

Recuerdo

Para pensar en ti, solo basta acudir al recuerdo.
Una noche como esta, algo lluviosa,
que me permite evocar tus besos.
Converso con la luna. Converso y le digo
que *en las noches como estas la tuve entre mis brazos.*
*La besé tantas veces bajo el cielo infinito**,
y me escondía bajo su atisbo acogedor.
Muchas veces sus senos me sirvieron de almohada,
cuando su aliento era el sostén de mi respiración.
Eran negros sus ojos, los recuerdo, como mismo
escucho dormido aquella canción que nos enamoró.
La pasión apenas llegó al mes. Pero,
sí que duró lo suficiente para amarnos
y eso también lo recuerdo.
Fue mi capricho dibujar su cuerpo *in púribus*,
mientras pensaba en la maja desnuda,
que sería mi maja sin la tierra española.
Solo que el lienzo nunca pudo reflejar
la perfección de sus líneas y sus curvas.
Ella era mucho más que una mortal.
Y la recuerdo, sí, delicada en el sexo,
tierna en la excitación, ligera en los movimientos pélvicos.
*Ella me quiso, a veces yo también la quería**.
Y era todo un poema querernos.

Un día se llevó mi esperma,
yo me quedé con su olor a sexo,
que es tan divino olerlo.
Pero se fue en el mar, por la calle, o en el viento.
Y aunque a mi lado ya no está
yo lo confieso: sí, aún la recuerdo.

*Versos de Pablo Neruda

Si no te amara

Si no te amara, como te amo yo;
no habría una catarata en el Niágara.
Las cosas naturales dejarían de serlo.
Las estrellas se perderían en el viento.
Sería la vida una fragata, navegante del vacío.

Sería una ola de frío, desprendida del más crudo
invierno,
una piedra inmóvil, letal para los sentimientos,
una calle en el érebo que se calla esto que
siento;
un libro, un poema, un extraño cuento
que no dice nada,
porque sus palabras se pronuncian en silencio.

Si yo no te amara así: con este lirismo al desnudo,
no sería montaña, ni hubiera un sol
para todos en el mundo.

Mis manos que un día te tocaron,
mis labios que un día te besaron,
mis ojos que un día te miraron,
no existirían: se borrarían de mi cuerpo.

Pero extraño en el recuerdo
lo que resulta suficiente:
sería un polvo, sin aliento;
sería un árbol, pero seco;
sería un pecho, vagabundo, sin corazón,
si no te amara, como te amo yo.

Así, así…

Si la flor que florece en la adversidad
es la más rara de las flores.
Si el viento que llega en la oscuridad
puede confesar nuestros amores.

Si el veneno más dulce pero amargo
me llega de tus labios encendidos.
Si puede un hilo corto o largo
bordar la palabra: "perdido".

Si el ave que vuela más alto
es aquella que no tiene alas.
Si con mi voz aguda de contralto
se ahuyentaran las cosas malas.

Si el mundo fuese de vino
y la nieve me calentara al matutino.

Si en el mar creciera la hierba
y los peces caminaran sobre la tierra.

Si el oro comprara la gloria
y la vida salvara la memoria.

Si el perro y el gato se casaran
y los amigos todos vinieran hasta aquí.
Hasta después de la muerte te amara,
con esta ternura al desnudo así…Así.

Por debajo de tu puerta

Todas tus noches son mías.
Me deslizo por debajo de tu puerta,
llego en silencio, te veo despierta
y luego te busco en la cama tibia.

Te encuentro allí donde estás acostada.
Me vuelves loco y por la cintura te abrazo,
mientras toda te estremeces hacemos un lazo
que te permite besarme con la mirada.

Te regalo una excitada sonrisa,
cuando mis labios quieren besarte,
te quedas muda, con la intención precisa

de que en ese momento me dejarás atraparte.
Pero tu inocencia febril me causa risa,
y luego yo busco entre sábanas alegrarte.

A tu encuentro

Pienso al amor,
y no duermo.
Prefiero soñar despierto.
Callo. Respiro. Los ojos abiertos
que te miran en las paredes,
en el ambiente, en el viento.
Anhelos tus besos,
tu cuerpo. Una noche loca
como aquellas en que
uno se entregaba al otro,
todo resuelto.
Te pienso al llegar,
y me desespero.
Te busco en la mente,
en los párpados cerrados,
en el sueño.
Te veo llegar, y me
quedo quieto; mientras
levantas mi alma
y yo voy a tu encuentro.

Te llevo dentro del alma como un
tatuaje del sol.
María Luisa Escobar

Mestizaje

Llevo en la sangre de africano,
de portugués y de español.
Y el poquito de tierra que me hace cubano
lo guardo en el corazón.
Traigo la rumba en los pies,
la salsa, el bolero, el son.
Y me dibuja un pincel
de este Caribe nuestro sabor.
Creo en la Virgen de la Caridad,
en la Virgen de Regla y en Dios.
Desde que nací me protege Yemayá,
bailo con Changó,
me abro con Eleggua,
soy hijo de Oshún.
Tengo en mi piel
de negro, de blanco y de mulato.
Toda una mezcla,
que es tan perfecta
y me hace virtuoso y *sato*.
Soy arere, como afefe, soy reyoyo.
Soy del río, de la Ceiba,
me gusta el caldo y el pollo.
Soy de la tristeza y de la alegría
o un canto que entona un poema.
Mi nombre se convierte en lema;
soy la noche, soy el día.

Elegía a María Félix

Doña Bárbara sobre un corcel
galopa firme en los campos mexicanos.
Va sin miedo, mostrando su poder,
con el atisbo que olvida su origen venezolano.

Le llaman la devoradora de hombres,
por ser tan desmedida y ambiciosa.
Se enamora uno con solo decir su nombre,
porque es entre las mujeres, la más hermosa.

Pero, ¿quién ha visto una diosa arrodillada,
que no pelea si los héroes están cansados?
Ella respira, sintiéndose tan amada,
si todos los hombres mueren por estar a su lado.

En el peñón de las ánimas se le vio nacer,
la crio una nana yaqui, muy misteriosa.
Como una estrella altiva creció después,
diciendo frases que la hicieron ostentosa.

Fue la generala en los campos de batalla,
a ella no pudo desterrarla su natal Sonora.
Provenía de indígenas, aunque no de mayas.
Sin Pablo y sin Quique, se oye a un niño que llora.
Ella no. Ella es fuerte, una mujer sin alma
que en miércoles de ceniza no pierde su belleza.
Tampoco la abandona la furia y la calma
si llega a atormentarla la alegría o la tristeza.

Lara la hizo su esposa favorita,
y Negrete conquistó después su amor.
Aquel la regaló en su María Bonita,
y el Charro en Los Ángeles murió de dolor.

Enamorada seguías de la vida, cuando te fuiste,
te fuiste en un suspiro. Tzapoff no cerró tus ojos,
sino la muerte a la que no temiste
y todas las guerras besaron tus labios rojos.

Ahora viene callada, en el silencio que levanta al temporal.
Su cabellera negra romancea con el viento.
Ya no es la monja, es la Doña, la inmortal
que se roba de súbito mi pensamiento.

María Félix nacida y muerta en abril,
la bárbara del cine mexicano.
Si en tu vida triste solo fuiste feliz,
sigues así: como reina del pueblo latinoamericano.

Mi Taita Miguel

Taita Miguel,
negro bembón.
Pichón de africano,
reyoyo cubano.
Proteja a su bisnieto,
hágalo un buen señor.
Que si en el mundo para ser aiyé,
tiene que haber de tó.

Aleje de su orí el osogbo,
llene su alma de amor.
Que en sus días oscuros
al final salga el sol.
Y si por las noches llora,
cálmelo con una canción.
Mi Taita Miguel,
Chiví en tu anterior encarnación,
proteja a su bisnieto siempre
hágalo un buen señor.
Y con la gracia de Olofi:
¡déle su bendición!

El nacimiento de Oshún

En el monte,
donde viven los orishas,
ha nacido una Afrodita;
que es criolla, africana, cubana.
Que será madre,
esposa, hermana.
Reina, diosa,
amada.
Una mulata hermosa:
de las bellas digo
es la más bella.
Fiestera, alegre, retrechera;
sabrosona, altiva, soberbia.
Que entre dos montañas,
senos de la tierra,
ha nacido con el alba

que majestuosa se despierta.
Cuando el mar supo que nacía
hizo correr los ríos,
que un día serán de ella.
Nació en el monte esta Venus
que no es romana,
es afrocubana.
La reina del wemilere,
del oro y del amor.
Oshún Funké divertida.
Oshún Ikolé
reina y señora de la vida.
Iyá mi ilé odo,
Iyá mi ilé oro.
Porque su casa es el río
y suyo es el oro.
Porque en el monte nació
y como protectora de Cuba
se quedó.
Oshún bañada en oñí,
hija de montunos,
hermana del mar,
y de la centella,
esposa del tambor,
madre de las mulatas bellas.
Oshún riendo zalamera,
bailando en manantiales,
peinando su cabellera.
Oshún querida,
la amada, la idolatrada.
Orisha nacida en el monte.
Oshún de Cuba,
de África entera.
Oshún nuestra,

del río, del amor.
Oshún que nace,
que crece,
que baila,
que reina.

Canto a Cuba

Vengo desde un solar
donde se forma la rumba,
donde se toca un bembé
al repicar de tambores.

Traigo el olor a tabaco,
llevo el sabor a caña.
Hoy quiero cantar sin mañas
a la Cuba de mis amores.

De San Antonio a Maisí
tu belleza es natural.
Ningún pintor la puede pintar
si no se puede reproducir.

Fuiste la cuna de Martí,
de Guillén, el Benny y de Fidel.
La Única siempre te fue fiel,
Alicia, Rosita y Vilma te han hecho feliz.

¿Qué decir de la bandera
de la estrella solitaria?
La misma que hoy llega a otras tierras,

cumpliendo misión solidaria.

Cuando tu himno se entona
cada cubano lo siente.
Con él se dice: ¡presente!,
que ningún patriota te abandona.

La palma real es reina
de las montañas y sabanas.
Y la mariposa enseña
cómo te cuida Mariana.

La mayor de Las Antillas
hoy nadie puede negar
que es La Habana, tu capital,
una de las siete maravillas.

Cuba sí es linda, por dentro y por fuera,
por sus ciudades, sus montes, su gente.
Si un lema tenemos vigente
es que moriremos hasta por nuestra bandera.

Le digo al mundo de corazón
aquí siempre tendrán una mano.
Ahora digo en esta canción
¡qué orgullo es ser cubano!

Madre mía que estás en una canción

"... pero acuérdate, madre, de tu hijita..."

Carilda Oliver Labra

Madre mía que estás en una canción
dime dónde se ha quedado el verso.
El verso que esconde la palabra
cada vez que vuelves el rostro.
Madre habitada desde una montaña
ya no veo tu sombra recorrer las calles.
Te busco con el caleidoscopio
o en un oráculo que invento sin razón.
Pero nada encuentro.
Madre que llegas en la lágrima fugitiva
después que calígine mostró tu rostro.
Siendo diosa mariposa sin saber
en qué ser te llegó la metamorfosis.
Madre que ya no das el pecho
ni tampoco se escuchan los consejos.
Yo quiero que cuando llegue a viejo
regreses por mí, y me lleves a tu nueva casa.

Mi pueblo

Mi pueblo tiene el nombre de
una mata, conjugado en el
tiempo plural.
Sus calles huelen a negro
a chino a español
a cualquier nación.
Sus casas traen el recuerdo
de la Colonia, la República
y de la Revolución.
Su gente es chismosa, alegre,

hospitalaria y siempre baila
al compás de un buen tambor.
Allí se cree en Dios, en la
Inmaculada de la Concepción.
Aunque sobre todo se adora
a Elegguá, Yemayá, Changó.
Y también a Siete Rayos, Sarabanda,
Mamá Umbó.
¡Ah!, y a San Fan Kon.
Es la tierra de Ta´ José, Francisco,
Tomasa, Ma´ Encarnación.
Mi pueblo sabe a caña,
a arroz, a camarón.
Está en el Sur, mirando casi al mar,
al río, al monte, a la ceiba, a la palma.
Es cuna de la magia, la poesía,
el magisterio. Donde se oculta
el misterio de por qué todo se mezcló:
blanco, negro, pardo, como
el arroz con fríjol.
Mi pueblo tiene su sangre
en quienes lo viven, lo animan,
lo calientan y hasta dejan
en su nombre el corazón.

La vida es un temor

la mejor respuesta siempre ha sido el silencio.
Pablo Guerra

Negarlo, sería engañarme.

Le temo a los truenos,
como mismo tú le temes a los huracanes.
Mi abuela le teme a los vientos.
Un hombre oscuro le teme a Dios,
y una mujer le teme al demonio.
Para qué decirlo.
La vida es un temor.
Y tú aún gritas desesperada
porque se acabó el arroz.
Si los pueblos siguen en guerra
es porque nadie le teme a la muerte.
O a la desaparición global.
Todos estamos contaminados en esta jungla.
Hasta Virginia Woolf teme nacer,
si es para pasar trabajos
porque Papá Noel ya no tiene
ni un puto dólar para comprar un regalo.
Entonces lloras porque no tienes nada que comer.
Se acabaron los frijoles, el pan, la carne de res...
Es como si se acabara el mundo también.
Pero sigues respirando,
y tú hasta al silencio le vuelves a temer.

La tarde encendida

La tarde hoy está encendida.
Parece un volcán que escupe fuego.
El cielo llueve para llenar los cántaros, y
aunque está nublado
la tarde sigue encendida por el fuego.
Cae un rayo en la palma que no daña,

después se escucha un trueno.
El espacio ensordece, tragando la voz
que se hunde en la tierra.
La tarde encendida llueve,
porque se siente solo el gladiolo
que ya no rinde homenaje en los actos.
Hoy no se verá la luna,
aunque digan que sí los meteorólogos.
Y si lo dicen, les pregunto:
¿dónde está el ave que voló con mi gladiolo?
Después que dejó en esta lluvia de invierno
como de luto a la tarde encendida.

A Sindo Garay

Trovador bohemio,
amante de la vida.
Cuando retornes no olvides
que en el salón te espera
tu amiga la guitarra.
Regálale una sonrisa,
más dos palabras que
lo dirán todo.
Si tú, peregrino eterno,
no encuentras la bahía,
intenta regresar entonces
por otra salida.
Pero vuelve, que tu guitarra
te espera,
para que toques de nuevo
sus cuerdas.

Simple rapsoda,
ya el circo está listo,
el público aclama eufórico,
las luces se encienden,
el telón sube lentamente
y desde el escenario,
la frase acostumbrada:
¡Sí que vuelvo, compay!
-Para Cuba, siempre habrá
un Garay.

Soy de América hijo

Soy de América hijo,
nacido en el Caribe
que se extiende a la
altura de mi cuerpo.
Mas, soy de América hijo.
Por eso tengo fuego en la sangre,
y una alegría singular
que esconde las lágrimas
del continente.
Ya no sueño con tierras lejanas.
Con la que tengo me basta,
si une en una el legado
de tres naciones.
Mi tierra me ha hecho tropical,
un raro creyente.
Pues ya no puedo ocultar
la fe, gigante entre mis dedos,
cuando me siento desde Cuba

un hombre americano,
que siente el grito
de la unidad o la muerte.

Mis dos abuelos

Mis dos abuelos
son más que abuelos,
madre y padre de mi vida.
Mi abuela me parió dos veces:
el día que dio a luz a mi madre,
y después el día que decidió criarme.
Por mí ha llorado,
conmigo ha reído.
Me arrulló en sus brazos,
me cantó al oído.
Si en las noches sentía miedo,
su presencia era mi escudo.
Con ella fui valiente.
Claro, también decente.
Es y será siempre la luz de mis ojos,
como mismo yo soy el iris de los suyos.
Mi abuelo suplió la ausencia
del padre temeroso.
De su mano caminé,
entre sus brazos me cobijé.
Sentarme en sus piernas
me hizo estar cerca de un rey.
Para él fui otro hijo, y
de todos, el más consentido.
Al lado de mis abuelos,

tuve mi mayor tesoro,
que solo puede compararse
con el amor.

Oda a mi primer sobrino

Tal vez seas aún un feto,
cuando ya te imagino
como un botón de oro.
Así te prepararás para florecer
cuando lo decida Olorun.
No te nombraré sexo.
Espero que en mi lugar
lo haga el Todopoderoso.
Si de todas maneras
será dada la bienvenida,
seas Geanny o Sofía.

Ya puedo ver tu tierno semblante,
escucho tus gemidos nocturnos,
que solo se calman después
de esa risa infante
que es de Dios, que es de ángel.

Para mí serás mi querubín.

Te sueño grande, y deseo
que el árbol crezca como un roble,
con su estrella
en el Paseo de Hollywood.

Lejos de vicios y de fracasos: te quiero.
Cerca de mí y de tu madre: te espero.

Y si en las noches me despiertas,
cuando al mundo llegues,
que sea para dejarme
un cálido beso.

Biselda… no en el silencio

A Biselda García Uriarte

Madrugada invernal,
hojas caídas.
Lágrimas que se inundan
en ríos que se van.
Amores vencidos,
tétrica soledad.
Un sillón que se mece,
el ruido que no está.
Salones empolvados,
recuerdos en paredes.
Latidos que nos dejan,
conductores a la oscuridad.
Amanecer sin su aroma,
papeles abandonados.
Esperanza perdida
en lo que nos deja la fe:
mariposas que florecen
animadas por el rocío.
Un ave que se extiende
en su vuelo lo pierde el cielo.

Un sillón que se mece solo,
Solo…en el silencio…

Tú te pareces mucho a mi soledad

Tú te pareces mucho a mi soledad,
tu mirada triste así lo confiesa.
Dices que te gusta el chocolate y la fresa
y que no conoces nada de la felicidad.

Te gusta hablar de Platón, del arte y la ingeniería,
y sin embargo ignoras la literatura.
Yo te miro quieto, fijo a tu cintura,
pensando en las cosas que dices que querías.

Me tomas por atrevido al compararte con mis cosas.
Pero te digo al oído que no se puede negar:
que de Sócrates o de Marilyn también me gusta platicar,
y como poema al fin, prefiero un ángel y una rosa.

No importa el frío si el amor arropa*

Si escuchas la música,
la misma música que escucho yo,
no demores en venir.
Si en la noche ves la luna,
la misma luna que miro yo,
pon tu pensamiento en mí.
Si en el día sientes el calor del sol,

el mismo calor del sol que siento yo,
será más que un síntoma febril.
Si en la biblioteca lees el libro,
el mismo libro que leo yo,
imagina que nuestro mundo
une en uno a dos.
Si disfrutas del helado,
del mismo helado que disfruto yo,
cuando lo prueben tus labios
piensa que es mi sabor.
Y si te gusta hacer el amor,
tanto como me gusta a mí,
no demores en venir:
para cegar al cuerpo en la pasión.

* Verso de Jesús Orta Ruiz, el Indio Naborí

Me faltas tú

Me faltas tú al despertar la mañana
como un domingo *bota'o* en la salida.
Un sonido, tu latido, la vida.
Me faltan tus juegos, los días que
me arrastrabas en la sala.
Tu comportamiento infantil
que tanto me gustaba.
Me faltan las tardes en que
nos bañábamos a solas,
aquellos domingos cuando

nos adueñábamos del cuarto.
Yo te seguía, siempre fiel;
tú casi me matas de un infarto.
Me faltan tus labios, tu sonrisa,
o mejor: un abrazo.
Lo que nos unía, como la religión,
el estudio, la amistad que perduraría.
Me faltan los viajes, el dinero, el equipaje.
Tu mirada, tus ojos verdes, tu suerte desgraciada.
Me falta un motivo, el Norte,
los momentos felices.
Nuestra foto de portada en el móvil.
La noche y la mañana sin luz,
el frío, lo tibio, el calor.
Me faltas tú,
me falta el amor.

y vivirá en todas las almas libres
prendida al sonido y al aire que
golpea sus alas.

Oscar Luis López

De regreso a casa

La lluvia mojará la tierra.
Dejará su olor.
Borrará la huella, y
cuando escampe, ¿cómo encontrar
el camino de regreso a casa?

Cuerpo sobre cuerpo

Entre sábanas blancas se ha
desterrado al silencio.
La cama gime cuando
el placer duele.
Manos que se tocan.
Labios que se encuentran.
Cuerpo sobre cuerpo.
Y yo no quiero saberlo.

Las olas del mar
parecen moverse agitadas.
La marea está alta
en una posición baja.
Roce que quema la piel.
Dedos perdidos entre los cabellos.
Palabras que aclaman
un goce que no es terrenal.
Cuerpo sobre cuerpo.

Y yo no quiero sentirlo.

Dar y recibir es el "ábrete sésamo"
del momento. La lengua
lame los sabores con encanto.
El alba despierta en el
medio del clímax que viene,
buscando la luz con
una sustancia nebulosa.

El silencio se va como
un gemido que exclama.
No hay dudas ni preguntas,
dice una sonrisa satisfecha.
Los brazos se estrechan.
La respiración se percibe cerca.
Los ojos lloran con la luz apagada.

Y yo no quiero verlo.
Cuerpo sobre cuerpo.

Presagio de un bohemio

Tu partida hoy me convierte en un bohemio
que se deja llevar por los bares de la ira.
Para mi ganarte había sido más que un premio,
y ahora derrumbas mi castillo con tu ida.

Ya no estarás cuando amanezca el sol,
que se despierta con el canto del gallo.
Ese nuncio canoro anuncia hoy

que haber creído en ti fue mi fallo.

Te dediqué mi amor, mi inteligencia
y solo para ti fue mi presencia.

Te convertí en la luz de camino
y dejé que tu mano y tus ojos guiaran mi destino.

Te hice mi reina y mi rey, mi señor y mi señora,
y dime: ¿dónde estás ahora?

Estás lejos, muy lejos de aquí.
A pesar de que en el recuerdo te evoque,
muy pronto tú te olvidarás de mí,
y yo sufriré hasta que morir me toque.

La metamorfosis hoy me deja ante ti sin nada,
solo muestra la verdad entre espinas de hierro.
Al pensar pregunto si fue sincera tu mirada,
pues cuando me muera, no vendrás ni a mi entierro.

Carta a un hombre del Himalaya

Creo saber cuándo fue que nací.
Solo tú sabrás cuándo voy a morir.
Pero, entre nacimiento y muerte
quiero en la vida solo un poco de fe.
Yo quiero ser abril.
Quiero andar tu puerta con los ojos cerrados,
no pensar en el futuro, ni recordar el pasado.
Quiero un poco de té, mientras reviso mis papeles,

quiero oler después un cigarro con olor a menta.
Quise haber sido azul, crecido entre mujeres,
o un eco sordo que se ahoga en la tierra.

La carne fue siempre débil ante los placeres,
y me mentía con promesas de salvación.
La luz roja no me detuvo, no la vi, y
me condujo al suicidio de los deberes.
Las hojas secas esconden toda letra,
las palabras no pronuncian el discurso.
Un sátiro me duerme entre sus brazos, yo desnudo
me perdí en los signos más oscuros.
Volé entre siglos enteros, con
una roca guardada en el bolsillo.
Me di un golpe en la rodilla, o
tal vez fue en los nudillos.
En tiempo de paz escribo una carta,
miro con el telescopio algún planeta.
Quiero ser una nave para alcanzar alguno,
o simplemente una estrella en lo nocturno.
Luego busco una isla en el mapa,
en el calor que me brinda esta marta,
sin saber si cibelina viene de Cibeles.
De la traición me he vuelto proxeneta,
caigo en el pecado prohibido, sin sus mieles.
Un reloj de arena controla al tiempo,
el tiempo que me avisa que ya es hora
de confesar sin temores mis quereres.

Elegía

Siento al frío correr en mis venas.
Una señal de partida me agobia.
El sol ya no puede iluminar la tierra
si las flores no florecen más en ella.
Me siento tibio. Distraído
no sé en qué pensamiento. Si será la fiebre,
si será por hambre, pero
ya me siento muerto.
El alma es tétrica, la impresión deplorable;
y el frío consume mis huesos, dejándome inmóvil.
Luego llega la ceguera,
en un camino sin luz
donde no toco nada, por
las manos convertidas en arena.
La voz se ha ahogado en un suspiro,
el olor me deja sin sentido.
Poco a poco voy perdiendo el aliento,
hasta que transformado en una escultura
me devuelve el cuerpo al polvo inicial.
Tan solo porque tú de mi lado te vas,
y ya me siento muerto.

En mi llanto… te pido

A ti va mi llanto como un suspiro
que se escapa de la vida cuando abandona.
Va sin color, va sin sentido,

va escoltado por el luto y por las sombras.
Va a ti esta melancolía absurda
que me trae el recuerdo que ya no quiero.
Que me lastima en lo profundo y
hace estancia como si mi corazón fuese su fonda.
Ya no sé dónde buscarte ni seguirte,
si he perdido tu huella en la noche. Tan melancólica.
Esa que me deja la soledad que agobia
y martiriza mis labios y mi piel con tu aroma.
¿A dónde habéis ido con mi vida y mis ilusiones?
Le pregunto al mar, cuando despierto.
Miro la sal dejada en el desierto,
mientras busco en ti mis emociones.
En este gemir, que es mi mensaje,
solo puedo pedir libre de decepciones:
no escuches mi llanto si te pide,
en un murmullo: no me abandones.

Una mujer que mira retrato

Una vieja que mira retrato
le declara la guerra al pasado.
La mano arrugada acaricia con desvelo
la piel joven y delicada.
Los ojos perdidos en los párpados
se creen de nuevo en aquel atisbo
que le revela otros tiempos.
Prefiere mirar las fotos en blanco y negro,
antes de olor su color, que le huele a viejo.
Añora la belleza eclipsada,

los labios firmes, el busto erguido,
los sueños de Sherezada.
Y cuando regresa al presente,
encuentra cerca la fecha de vencimiento
tras sentir las arrugas de la frente.
A aquel cabello bruno lo
sustituyó las canas dominantes.
Pasó con la elegancia, la alegría,
y con todas las cosas que dice que tenía.
Una mujer que mira retrato
le dice adiós a la juventud,
que la condena al pasado.

Me invento un nombre

Me invento un nombre.
Seré Pablo. Sin ventas,
ni pulmones. Como un escarabajo.
Pablo. Así quiero ser llamado.
Cuando niño no jugaba a las bolas,
porque Pablo soñaba
–con los brazos abiertos-
a que él era el rey.
O no. Me llamarán Gabriel.
Pero seré un ángel sin alas.
Yo no tengo cielo,
ni un camino para creer.
Entonces… seré Michael,
para que se pronuncie
con su acento en inglés.

La gente pensará que soy *yuma*
de Escocia, Nueva York, no de Israel.
Aunque los gringos de mi color
no son como los de Washington también.
Si mi madre no me nombra,
yo por ella lo haré.
Quiero ser Lucas, para así crecer.
No como Goliat, porque ningún
David me derrotará
una vez que alcance tamaño
y me sepa defender.
François, Diego, Nicolás,
¡seré francés! Para
andar las calles de Perú,
Alcalá. Portugués.
Diré ¡Hello!, mademoiselle,
Eu quiero falar con você.
-Mucho gusto, soy José.
Cantaré un tango,
bailaré un blues,
haré el penúltimo cuplé.
Seré más famoso que Christian Dior,
que Messi tras la pelota,
que Coco Chanel,
después que me llame Ernesto. Lo sé.
Viviré la gloria,
dejaré memoria,
tantas veces me casaré.
Tendré dinero, por montones,
mucho más que Bill Gates;
y para el bautizo me llamaré Leonel.
El tiempo habrá pasado
para cuando sea Joaquín.
Ya casi todos me habrán olvidado,

yo me retiraré a Mayarí.
Como Antonio me llegarán las canas,
beberé un vino en la vejez.
Pronto no iré a las costas,
ni apagaré la velita del cake.
Escribiré sin lápiz, me mojaré
los dedos, sin que los diarios
pueda leer.
Volveré a la tierra, seré
lo que fuimos, y en ese
momento sabré
que hasta yo me habré olvidado
del nombre que me inventé.

Descanso para el amor

Descansa en paz,
hijo de nadie.
Cuerpo perdido en el polvo.
Huesos que ya no tienen
esa mirada de ángel.
Flechas que se convierten en cenizas,
y unas alas que se evaporan en el aire,
al calor de una vela encendida.
No tendrás tumbas, pero sí un descanso.
Hasta que la gente vuelva a creer en la magia.
Ya ni Eros sabrá dónde encontrarte.
Ahora las parejas solo escucharán reggaetón,
y el sexo… será como un vulgar Don Juan.
Ya ni valdrá la pena que haya un Kamasutra.
Los experimentos se harán, al calor de las sábanas,

con orgasmos fingidos y un placer inusitado.
Al fin te irás desterrado, cuando nadie
recuerde tu nombre. Y descansarás en paz
después de haber enamorado tanto.

Busco a una mujer

Busco a una mujer
que sea de papel.
Que juegue a las muñecas
donde no se talen los árboles
en el monte de Venus.
Que sea sol en la noche estrellada.

Busco a una mujer
descendiente de las diosas griegas.
Sin cartera, pero con aretes
y tacones y con los labios
pintados de rojo.

Peinada como Audrey Hepburn
en *Desayuno con diamantes*;
que tome chocolate en la mañana,
y leche caliente en el horario vespertino.

Busco a una mujer
que no se cubra el rostro,
para que me pueda ver
en el límpido reflejo de sus ojos.

Que esté vestida de azul,

que use bragas, pero no sostén.

Que no sea callada,
si bien no diga nada.

Solo busco a una mujer.

Quiero renunciar a ti

Quiero renunciar a ti, pero no puedo.
Me obliga la conciencia a recordarte.
Le pregunto si siempre va a amarte
y su respuesta obstinada me deja ciego.

Le he dicho al corazón que te olvide.
Latir por ti ya no tiene sentido.
Pero dice tu nombre en cada latido
y hasta te evoca en el aire que respire.

Yo ahora estoy con mi soledad, pensando en ti.
Queriendo saber a dónde has ido.
No sé si quieres tú saber de mí,

y por eso cierro los ojos cuando lloro.
Entonces busco sin encontrar al olvido:
pues solo sé sufrir cuando me enamoro.

Olvido

Me olvidaré de mí,
en este silencio caliginoso.
Después de escuchar tu voz;
tu voz que ahora se apaga,
que se siente lejos, que se siente helada
y no me deja comprender tu mensaje misterioso.

Me hundiré entonces,
no sé aún en qué cataclismo,
si será en la ausencia,
si será en el abismo
o en esta tristeza gris, casi absurda,
que me destierra y me deja sin lirismo.

Yo olvidaré mi nombre,
mi fecha de nacimiento,
renunciaré a mis días,
me llevará el viento,
me perderé entre marzo o entre abril.
Pero sabe Dios –que existe- y me ve
que aunque olvide todo lo que mi vida fue
lo que no borrará el olvido: será un pedazo de ti.

A lo Hemingway

Volverás a ver al mar
solo cuando el viejo regrese.
Te dará un té, no
habrá limones, y podrás beber.

Las gafas se irán al aire,
se moverán los pies.
E irás al mar en silencio,
de donde ya no podrás volver.

Y si no vienes a buscarme que me duermo

Y si no vienes a buscarme
que me duermo.
Yo aquí –te digo- que me
quedo ciego. Mudo. Sordo.
Ya no quieto.
No me gusta la espera,
porque soy ansioso.
El sol me molesta,
me ataca el calor,
las venas se me revientan sin dolor.
Sangran. Sin embargo,
todo pasa. Hasta un dolor
de muelas.
Todo, menos tú, que sigues
como un retrato fijo.
Más inmóvil que mi quietud.
Y la fe, ¿dónde está la fe
si me traicionas
al darle una flor a
esa niña ojizarca de
cabellos soleados?
Si la voz se calla.
Si las manos se guardan.
Si te vas sin mí, ya no nace el alba.

Y si no vienes a buscarme
que me duermo,
yo sin ti seré un polvo quieto.

Disputa con el placer

Si nos une el placer,
¿qué pasará después?
Con el amor, la amistad… el querer.
Un beso deseo, lo sé.
Pero, cuando arda la piel,
¿me podré contener?
¿Acaso podrás tú?
Ahora mismo es un problema ceder.
Si escuchara tu voz,
si me viera en tus ojos,
me olvidaría de los enojos
y ahí sí que pecaré.
Porque tu boca es un pecado,
y tú una tentación que
no resistiré.
Si me tocas, ¡estallo!
Un solo roce, y ya no podré.
Me perderé en ti,
no desearé volver.
Pero si es para estar contigo,
entonces: ¡que me lleve el placer!

Testimonio a la Soledad

¿Qué hace en el mundo un hombre
terriblemente solo?

La misma música. La misma gente. Un año que se va; otro año que viene. El borracho que despierta al vecindario. La vida que acaba con la muerte. Soledad… y esta Soledad que se aferra a permanecer en mi habitación, ¿hasta cuándo me acompañará? La prefiero blanca, mulata, rubia como el sol, pero de carne y hueso. Si esta Soledad fuera mi Galatea y yo Pigmalión. Si esta Soledad me diera la verde para practicar el nihilismo. Si esta Soledad –que hoy me hace estar solo- no me hundiera en el silencio: yo aceptaría ser su cómplice. No es falta de interés. Tampoco se ha ido la atracción. Quizás sea la suerte, o el destino. Es mi signo. Pero, la realidad se impone. Este pedazo de tierra, ya no me pertenece. Mi cuarto, ya no me pertenece. Mi cama, ya no me pertenece. Mi familia, que está en mi madre, en mi hermana, en mis abuelos, en mis tíos, en mis primos… me pertenece en sangre y aún pone en duda la pertenencia. Ya no siento que soy de aquí. La soledad me ha hecho dudar de dónde vengo. Siempre supe lo que quise. Sin embargo, las circunstancias aún no me han permitido tener lo que deseo. A veces creo que vivo en un cuento, donde soy un personaje ficticio. Hasta en mi mente no me imagino real. ¿Será la soledad? La realidad se impone. Lo recuerdo. Para el año que viene quiero algo diferente. Quiero mejorar. Quiero vivir en otro lugar, que sea mío. Y quiero que tú, Soledad, te me conviertas en un ser humano, que calme en mi cama y en mi alma la angustia que siento al estar solo.

Este amor que se va

Este amor que se va
lastima tanto al pasar.

Es como un dolor infernal
que lo oprime todo.
Es ahogarse de algún modo,
más que perder la mitad.
Es morderse los labios,
conteniendo las ganas de llorar.
Es perder la batalla con la ansiedad,
dejar de llamarme yo
para llamarme Fabio.
Es quedarse vacío,
morir solo en la oscuridad.
Es crear un nuevo río
con las lágrimas de la adversidad.
Es renunciar a la vida,
no decir nada más.

Dos extraños

Somos dos extraños
sentados en una mesa del comedor.
Tú, con la mirada perdida en mí.
Yo, mirando todo a mi alrededor.
Tu mirada era de cariño, de pasión.
Y yo no podía corresponderte con
una mirada de amor.
Preferí "fletear"
(y te lo digo en mi español),
admirando las cosas que para mi gusto
resultarían mejor.
Pero no estaba ajeno.
Tú me deseabas en la ocasión.

Aunque la carne ya no es tan débil,
sino lo siente el corazón.
Yo hasta podía mirar a
un hombre desnalgado, o a
una mujer con mucha nalga.
Porque cualquier ser podría despertar
lo que no motiva tu sol.
Luego quisiste bailar lo que
unos llaman reggaetón.
Y yo me fui, con mi amor perdido,
buscando la luna en otro balcón.

Para decir adiós

Para decir adiós
no hace falta levantar una mano,
pronunciar una palabra
ni marcar una cola.
No es necesario existir,
ni tampoco basta morir.
Decir adiós es verte luego,
o no verte nunca jamás.
Es un acertijo.
Y por eso digo que
en lugar de decirlo
mejor: quiero sentirlo.

DATOS SOBRE EL AUTOR

GEOBANYS VALLE ROJAS (Sancti Spíritus, Cuba; 1991), Licenciado en Pedagogía-Psicología, Profesor Asistente de la Universidad de Sancti Spíritus "José Martí Pérez". Ha incursionado en la poesía, el ensayo, en la narrativa y también en investigaciones. Como parte de su producción científica-investigativa, tiene varios artículos y ponencias publicados, como *La formación de la competencia científica en docentes en proyectos de investigación* (Revista Conrado, 2022, Cuba), *La formación de competencia científica para el perfeccionamiento del desempeño profesional de los docentes universitarios* (Revista Pedagogía y Sociedad, 2020, Cuba), *El pensamiento de José Martí y el ideario del Dr. Antolín García Álvarez en la formación de estudiantes de la carrera Pedagogía-Psicología* (Revista Atlante. Cuadernos de Educación y Desarrollo, 2020, España), *La orientación educativa en el contexto de los medios de comunicación masiva* (Revista Márgenes, 2017, Cuba), *El proceso revolucionario cubano en Guasimal* (Editorial Feijóo, 2016, Cuba), *Guasimal en las luchas independentistas* (Editorial Feijóo, 2014, Cuba). También tiene publicado varios libros digitales, como *Ese O, Baba* (Relatos, 2023, Editorial Lulu, EE.UU.), *Adentro del alma... sí hace ruido* (Poemario, 2019, Editorial Bubok, Argentina), *Reflexiones acerca de la Santería en Cuba* (Ensayo, 2018, EE.UU.) y *Los Orishas de la Santería se revelan* (Investigación, 2016, EE.UU.). También tiene artículos publicados en los libros *Camino a la escuela. Selección de lectura para la preparación del docente de la universidad* (Editorial Universitaria, 2021, Cuba), y en *Conciencia e innovación para el desarrollo sostenible Vol. 1* (Editorial Edacun, 2021, Cuba).

Printed by Books on Demand GmbH, Norderstedt / Germany